그리움이 되어 흐르는 사랑

이 도서의 국립중앙도서관 출판예정도서목록(CIP)은 서지정보유통지원시스템 홈페이지(http://seoji.nl.go.kr)와 국가자료종합목록 구축시스템(http://kolis-net.nl.go.kr)에서 이용하실 수 있습니다.
(CIP제어번호 : CIP2020020702)

박현숙 시집

그리움이 되어 흐르는 사랑

인쇄 | 2020년 5월 25일
발행 | 2020년 5월 30일

글쓴이 | 박현숙
펴낸이 | 장호병
펴낸곳 | 북랜드
06252 서울 강남구 강남대로 320, 황화빌딩 1108호
대표전화 (02)732-4574, (053)252-9114
팩시밀리 (02)734-4574, (053)252-9334
등록일 | 1999년 11월 11일
등록번호 | 제13-615호
홈페이지 | www.bookland.co.kr
이-메일 | bookland@hanmeil.net

책임편집 | 김인옥
교　　열 | 배성숙 전은경

ISBN 978-89-7787-938-6 03810
ISBN 978-89-7787-939-3 05810 (E-book)

값 8,000원

그리움이 되어 흐르는 사랑

박현숙 시집

북랜드

| 서문 |

행복했던 건드레의 별빛

1957년 동지가 지나고 손끝이 시려오는 음력 12월 4일 닭들이 모이를 먹고 횃대에 오르며 잠을 청하던 그 시각 우리 어머니는 종일 고통을 안고 참아 오시다 드디어 산고를 치르셨다.

딸이 없이 아들만 키우셨던 할머니께서는 첫 손자가 아니었어도 첫 손녀를 보시고 매우 기뻐하시며 딸처럼 키우셨단다. 연약하고 체구가 가녀린 어머니는 힘겨운 10개월의 입덧을 버티며 출산의 순간을 얼마나 기다리셨을까 짐작이 간다. 그리고 아래로 5남매를 더 낳으셨지만 첫딸에 대한 사랑이 지극하셨다. 아버지께서는 공무원으로 면사무소에 다니셨는데 바로 정확하게 출생신고를 하시고 현숙한 여인이 되라고 '현숙'이라 작명도 하셨단다.

유아 시절 동네 이웃 언니들이 서로 등에 업으려고 아침 일찍부터 우리 집에 놀러오곤 했다니 그 인기는 참으로 높았다고 한다. 명절이면 색동저고리 빨간 치마를 곱게 지어 주시고 예쁜 원피스도 손수 만들어 입히시던 나의 할머니!

아침마다 정성껏 리본을 묶어 곱게 머리를 땋아 주시기도 하였다. 시골아이 같지 않게 하얀 피부와 곱상한 이목구비, 순한 성품으로 잘 울지도 않아 아무나 돌봐줄 수 있는 아이였단다.

태어난 동네 이름이 '건드레'였는데 천수답이 대부분인 '마른들'이란 뜻이란다. 고개를 두 번 넘어 원당교회를 다니시는 할머니를 따라 원당교회를 다녔고 양화초등학교에 입학하여 학교에 갈 때는 옆집 월전언니가 아침마다 같이 가 주었다. 지금 보면 작은 냇물도 그때는 얼마나 무섭고 크게 느껴지던지 비만 오면 더욱 언니가 오기를 기다렸다. 예전엔 비만 오면 붉은 황토물이 세차게 넘치고 냇물에 휩쓸려 떠내려가던 터라 학교에서도 조기 하교를 시켰다. 아이들이 책보는 젖어도 검정 고무신은 두 손에 꽉 쥐고 맨발로 등하교할 정도니 얼마나 고무신이 귀하던 때인가….

비가 그치면 황토물이 가라앉고 이내 맑은 물이 되어 졸졸졸 흐르고 어디서 숨어있다 나왔는지 물고기 떼가 발바닥을 간지럽히던 그 시절. 검정 고무신으로 물고기를 잡느라 친구들과 재잘

거리던 그때가 지금도 선하다.

아버지는 허약한 나를 위해 동네 아이들에게 개구리를 잡아오라 하시어 동전으로 값을 치르시고는 바로 마당에 마련된 화덕에 불을 지피시어 개구리를 삶으셨다. 비위가 약했던 나는 아버지의 어름에 넘어가 개구리 뒷다리를 한입씩 받아먹으며 몸보신을 하기도 했다. 나 때문에 수많은 개구리들이 죽어 갔으니 참으로 미안한 마음이 든다. 하지만 그때는 개구리가 지천이어서 그게 가능하기도 했을 것이다. 그래서 그런지는 몰라도 나는 친구들과 고무줄놀이를 할 때 6단(손을 뻗치어 들기)까지 잘 해냈다. 초등학교 시절 아이들에게 나는 넘볼 수 없는 아이였다. 도도하고 공부는 1등이고 얼굴은 하얗고 도시아이처럼 검정 운동화를 신고 아버지는 넥타이를 매시고 양복을 곱게 차려 입으시고 자전거를 타시며 다니셨으니 얼마나 부러워했을까….

그즈음 어느 날 겨울 아버지께서는 석유곤로를 사시고 삼양라면을 사 오셔서 밤에 안방에서 라면을 끓이시고 우리 가족들에게

라면 맛을 알게 하셨다.

수제비와 국수만 먹어보던 우리들은 너무 신기해서 국물조차 남김없이 핥다시피 하였다. 그리고는 퉁소를 부시고 기타를 치시며 노래자랑도 시키고 무릎에 하나씩 앉히시며 더없는 사랑을 해주시었다. 그 시절 다른 집 아이들은 상상도 못 할 분위기였다. 그 뿐이 아니었다. 일제 내셔널 트랜지스터라디오를 2만원에 사오셔서 여름밤이면 이웃집 사람들까지 평상에 둘러앉아 라디오를 청취하고 돌아가는 날이 연속되었다.

밤하늘의 별을 보며 라디오를 들을 때면 얼마나 작은 사람이 이 속에 들어가서 이야기를 하는지 너무 궁금하고 신기하기만 했다.

아직도 그때의 별빛이 내 가슴에 떨어지면 아버지를 그리워하다 잠이 들곤 한다.

차례

1

그리움이 되어 흐르는 사랑

2

감사하며 사랑하며

1

그리움이 되어 흐르는 사랑

그리운 아버지

아버지 수박 드세요
음~
나는 괜찮다
할머니 갖다 드려라

아버지 토마토 드세요
음~
나는 괜찮다
막내 오거든 주거라

아버지는
수박도 토마토도
싫어하시나?

아버지 많이 아프시던 날
엄마에게 조용히
시원한 수박 없어?
입이 자꾸 타네….

텃밭에
고추 가지 토마토 심어 놓고
아침저녁 물 주시고 돌보시길래
드시지도 않는 토마토는
왜 심으셨지?

잘 익은 토마토
바닥에 떨어진 것을
한입에 쏘옥 넣으시더니
올해는 볕이 좋아
맛있게 잘 익었네

아버지!
수박처럼 꽉 찬 그 사랑
못 다 푸시고 멀리 가셨군요
얇디얇은 껍질 젖히면
좌르르 흘러내리는
토마토 같은 그 사랑
저희에게 보여 주시고

가슴 안으로
더 가까이 오셨군요

해마다 수박씨 심어
수박이 둥글둥글 달덩이 되면
마당에 밀짚 방석 깔아 놓고
모깃불 연기에 눈이 매워도
옆집네 윗집네 아랫집네들
아버지의 구수한 이야기 잘도 먹었죠

아버지!
아~ 이제는 수박이 있어도
마당이 없어요
아~ 토마토가 한창 익어가는데….
가슴속에 계신 줄 알았더니
멀리 가셨나요?

가로등

하루 종일 서 계신 어머니
자식들 올라
오는 길 바라보시다
목조차 굽으셨다

해 저문 저녁까지
안 오는 자식
기다리시느라
눈조차 빨개 지셨다

새벽까지 기다리시다
잠드시더니
꿈속에서 라도 만날까 봐
온 종일 눈조차 뜨지 못 하신다

내 사랑 할머니

할머니 몸엔
주름이 가득

어린 막내아들 보내고
가슴에 하나…

일제 때 남편 남양군도로 보내고
이마에 하나…

큰며느리 보내고
머리에 하나…

큰아들 보내고
가슴에 둘 ……

손주들 여섯이
주름 펴 드리려고
한 곳씩 맡아서
펴 드렸지만…

아마도
그 주름 다 펴지 못하시고
가신 것 같다

이제는 천국에서 모두 모여
주름도 펴시고
큰손자 보시며
좋아하시겠지….

함박눈 내리는 날

해마다 이맘때면
나는 따끈한 백설기를 먹는다.

방학만 주면
단걸음에 달려오는 딸에게
내 어머니는
야윈 어깨 들썩이시며
온종일 쪄어 내신
따끈한 백설기 한 시루를 마루에 펼치신다.

객지 나가 공부하는
우리 딸이 좋아한다고
배고팠을 거라고
동치미 국물 마시며
천천히 많이 먹으라고

나도 이제 어머니 나이가 되어
백설기 만들어 놓고
멀리 나가 공부하는 우리 딸만 기다리는데…….

하늘나라 사시는
내 어머니는
아직도 해마다 이맘때면
따끈한 백설기 한 시루 내게 보내주신다.

부모님 다시 뵙던 날

보리 이삭조차 힘을 잃고
논에 물이 말라
발을 동동 구르던
73년 6월 초입부터
우리 6남매의 숨소리가
연거푸 가빠지기 시작

슬픔이 우리 앞에
회오리바람같이 닥쳐오고
하늘을 향해 소리치고 질주를 해도
세상은 움직이지 않았다

슬퍼해야 할 사치스런 시간
6남매를 위해 멈춰 주지 않고
따라오라며 그대로 달아났다

눈을 떠도 눈을 감아도 깜깜할 뿐
울음소리도 내보지 못하고
미동도 못한 채

시간에 실려 몸을 맡기고

세상은 힘없는 우리를
비웃고 조롱하고 외면했다
우리 안에 숨겨진 보석들을
눈치채지 못하고…..

위로자 되시는 하나님
독수리 같은 힘을 주시어
우리가 세상을 이기게 하시니
살아계신 하나님이로다

차가운 흙 속에서
육신이 힘을 잃고 누워 계셔도
'하늘에 소망을 두고
이웃을 사랑하며
세상은 그렇게 사는 거야'
늘 속삭이셨다

자그만 트랜지스터 라디오를
사 오셔서 우리를 놀라게 하시고
석유 곤로에 왈순아지매를 끓이시며
6남매를 품에 안아 주시던
우리 아버지….
거지 아저씨
엿장수 아저씨까지도
칼국수를 대접하고
옹기 그릇 장수 할머니
꿀장수 할머니의
여관 주인으로
말없이 칼국수 밀어대시며
여름밤을 설치시던
가녀린 우리 어머니….

40여 년의 세월을
흙 속에서 보내시고
세상을 향해
보잘것없는 모습으로 나오셨지만

우리 6남매는
당신들의 아름다운 모습을
생생하게 기억합니다
빚만 남기시고
슬픔만 남기신 줄 알았는데
빚을 갚으며
우리는 비로소
세상이 있음을 깨달았어요
당신들의 선한 가르침이
세상을 이기게 하는 힘이 되었어요
우리 자식들에게
당신들처럼 사는 모습을 보여주고 싶어요

생전에 한 번도 드리지 못한 한마디!
사랑해요~^^ 아빠~
사랑해요~^^ 엄마~
지금은 저희가 멀리 있지만
천국에서 다시 뵐게요^^
샬롬!!!

화가의 선물

나의 방 창문엔
커튼이 없다
창문 맞은편 사는 화가가
자꾸 달라 해서 주어 버렸다

말수는 적지만
곁에만 있어도 편안한 화가
내가 일어나기 전
매일 커튼에 그림을 그려서
내게 선물한다

내가 가끔 고맙다 말하면
커튼을 내어 주었으니
나는 평생
당신이 기뻐하는
그림을 그려 드리겠소
화가를 내 방으로 들이고 싶다

국화를 보내며

매일 한 번쯤
보고 싶다
그랬는데

너는 왜
향기만 선물하고 훌쩍 간 거니?

창밖에
흰 눈이 펑펑 쏟아지는 날
차 한잔하자 그랬는데

봄날에
아지랭이 피어날 즈음
흰 눈 맞으며 서 있던 네 모습
그립다 말하면
와 줄 수 있겠니?

우리 막내

뒤죽박죽
사방팔방
정신 못 차려도

하하하하
깔 깔 깔 깔
웃기는 잘해

설렁설렁
우물쭈물
바보 같아도

굼실굼실
몰래 몰래
옆 사람 잘 챙긴다

겉으로는
잘 익은 복숭아처럼
물렁해 보이고

녹아 버린 아이스크림처럼
어이없어도

속은
잘 익은 수박처럼
사랑이 사각 사각
하얀 찔레꽃처럼
사람 냄새가 폴 폴~~

우리 막내
얼굴만 봐도
웃음이 절로 절로

가족 사진

어린 두 남매
살포시 안고
곱슬머리에 무표정한
촌스러운 모습이지만
그때가 좋았다

딸내미 유학 간다고 찍은 가족사진
우리 식구 잠든 사이에도
거실의 주인 되어 서 있다
그때만 해도 젊었네….

몇 해 전 여행지에서 찍은 가족사진
우리 식구들 덥다고 짜증 낼 때도
모두가 환하게 웃고 있다
그때가 행복했는데….

앞으로 찍는 가족사진
그때도 활짝 웃으며
두 배가 넘는 식구가 모여
거실의 주인이 되길….

지금보다
훨씬 젊어 보이 겠지^^

아빠와 따님

내 나이 열아홉
아빠 나이 마흔 넷
넌 아빠를 닮았구나!

사진 속 아빠 얼굴
거울 속 내 얼굴
아빠가 너를 닮았네!

아빠는 44살
나는 62세
왜 나만
나이를 먹는 거야…..

사진 속 아빠는 웃고 있는데
거울 속 따님은 울고 계신다

아빠는 반칙왕!!!

새끼손가락

연년생으로 태어나
엄마 젖 맘대로 못 먹어
새끼손가락처럼 힘없고 약하더니
가늘고 연한 몸
병치레하느라
엄마 속 많이도 아프게 했다

밥상에 형제자매 다 모였는데
새끼손가락만 안보이면
엄마는 안절부절 찾으시더니만
아픈 손가락으로 남겨두고
멀리 가셨다

약방의 감초처럼
언니 오빠 졸랑졸랑 따라다니며
대나무순처럼 쑥쑥 잘 커 주더니
어엿한 멋쟁이 시어머니다
아프지 말거라
사랑한다
나의 새끼손가락아 ~

검지야 보고 싶다

어려운 살림살이 쪼개 쓰시느라
내려 물림 하라고
명절에 내 옷만 사오시면
하루 종일 말도 않고 불퉁불퉁

큰애는 막내 보고
둘째는 마루 닦으라면
막내 보는 게 쉽다고 우겨대며
어설프게 막내 보다가
막내 이마 다쳐서 피가 날 때도
엄마한테 혼날까 봐
깔깔대며 멀리멀리 도망도 잘 갔다

담임 선생님께서 공부 시간에는
화장실 가지 마라 하셨다고
책보 접어서 기저귀 만들어 찼던
여자 개구쟁이 검지 동생

동네 친구 모여서

고무줄놀이 공기놀이할 때
친구들과 말다툼이라도 하면
자기 언니 질까 봐
앞장서서 맞장구쳐
내 편이 되어 주던 속 깊은 검지

중학교 때부터 객지 나가 공부하느라
자주 보지 못하고
사라선 결혼하여 미국으로 이민 가
자주 보지 못하고
회갑이 되어서도 바빠서 못 온다고……

엄지는 검지가 곁에 있어야
힘이 나는데…
보고 싶다 검지야

마당발

셋째 딸 태어나자
셋째 딸은 선도 안 보고 데려간다는데
우리 딸 누가 데려가려나
아버지는 좋아라 하셨단다

이른 봄 찬바람을 이기며
예쁘게 피어나는 홍매화 뿌리처럼
강하고 예쁘게 크라며
영숙이라고 이름 지으셨단다

가려운 데 잘 긁어주고
아픈 상처 잘 싸매 주는
자상하고 살가운
마당발 영숙이

40년을 한결같이
정년을 앞에 두고도
열정을 다하며
이름값 하는 구나

네가 있어 든든하고 편안하단다
우리 형제자매 메신저 되어
언제나 등대처럼 비춰 주니
정말 고맙구나

밥 한 그릇

옛날 대문 열어 놓고 살 적
때가 되어 밥 먹다가도
동네 사람 지나가면
"아랫말 댁 반찬 없어도 밥 먹고 가"
불러댔는데

보리밥에
열무김치 고추장뿐이어도
꿀맛 같은 인정 땜에
밥 한 그릇 뚝딱
참 맛있었는데

때가 되어도
부를 사람 없고
별 맛없는 인정 땜에
불고기에 바다회도
맛없어서 깨작깨작

동네 사람 불러와
점심이라도 같이 먹고 싶은데
같은 평수 아니라
못 간다고 절래절래
차라리 밖에서
햄버거나 먹자고 할 걸

옛날로 이사를 가 버릴까?

솜사탕

어릴 적 먹고 싶던
솜사탕
흰 구름 되어 걸려 있다

구름 뒤에 숨어버린
보고 싶은 친구 얼굴

솜사탕 녹을까 봐
검정 고무신 눌러 신고
친구에게 바람처럼 달려가네

건드레 하늘

어릴 적 동무들이
모두 볼 수 있게
구름으로 그림 그린다

초가집
채송화
봉숭아
찔레꽃
시냇물
송사리
고무신
미루나무
사방치기
고무줄놀이
공깃돌
동무 얼굴

크레용으로 예쁘게 색칠하여
하늘에 걸어 놓고
어깨동무 기다린다

개구리야

밤만 되면 21층 창을 뚫고
논두렁 음악당에서 노래가 배달된다
개구리 합창단이 떼창을 하는데 화음이 제법 잘 맞아
어깨춤이 들썩들썩
발바닥이 팔딱팔딱

개개개개 개골골
개골 개골 개개개
개개 개개 개개
골골골골 골골골
개개개개개개개
개구리다 개구리다
골바람 흥에 맞춰
따라 하지 못하게 빨리도 하네

둠벙 살던 우렁이네
논두렁에 집 잘 짓고
오래 살 줄 알았던 두껍이네
새우 잡아 끼니 잇던 송사리네도

서울이 좋다고 가 버리더니
편지는커녕 전화도 없다

개구리 아버지 어이없어서
한탄하며 부르던 그 노래를
자식들이 배워서 잘도 부른다
낮에는 일하느라 정신없어도
밤만 되면 다 모여서
돌아가신 아버지 보고 싶다고
개굴개굴 개개개
개굴개굴 구구구

개구리 어머니 깊은 한숨도
올망졸망 손주들 노랫소리에
늴리리야 늴리리
절로절로 더덩실
하루 종일 지친 몸
불끈불끈 솟는구나
우리 손자 좋구나

이 강산이 좋구나

골바람도 덩달아 신이 났는지
이 집 저 집 배달하랴
바람 바람 신바람
꽹과리도 나와서
갠지 갠지 갠지 개갱
장구 놈도 질세라
덩 덕 쿵덕 쿵덕 쿵

개구리네마저
서울로 이사 가면 어쩌나
아무래도 논두렁에
현수막 내걸어야지

결사 반대!
논두렁 철거

오줌 싸는 냉장고

엄마가 해 주신 칼국수
맛있다고 두 그릇

할머니가 쪄어 주신 옥수수
맛있다고 다섯 자루

아버지가
떨이한다고 많이 사신 아이스케키
맛있다고 두 개

많이 먹은 것도 아닌데^^
아홉 살까지
오줌 싸서
옆집으로 소금 받으러 다녔다

우리 집 냉장고
올해 아홉 살
많이 먹는 날이면
꼭 오줌을 싼다
옆집으로 소금 받으러 보낼까 ^^

2

감사하며 사랑하며

나의 시

내 시를 읽으면
바로 웃음이 난다
ㅋㅋㅋ

웃다가 웃다가
돌아서면
바로 눈물이 나서
ㅠㅠㅠ

눈물아 눈물아
아프면 아프다고
말을 해야지
좌르르 흘리면 어쩌니~

바보 같다!
나의 시

나는 그저 시가 좋다

시로 말하고
시로 노래하고
시로 숨 쉬고
시와 뛰놀고

가슴속에서
시가 옹달샘 되어 솟아난다

푸롱
포롱
포로로롱

시와 동거 중

시가 나를 가둔 건지
내가 시를 가슴에 가둔 건지
시와 함께 동거 중

함께 말하고
함께 듣고
함께 춤추며
함께 사랑하는 중

강아지풀이 그랬다
네가 시를
강아지처럼 졸졸 쫓아다니니 그렇지

억새꽃이 놀린다
네가 시 앞에서
살래살래 꼬리치니까 그렇지

실바람이 속삭인다
네 아버지께서 맺어주신

반쪽이야

시와 함께
감사의 눈으로 보게 하시고
시 속에서
소망으로 채우사 평안을 주시며
시를
사랑으로 어루만지게 하신 이

내 아버지여!
시로 찬송하게 하소서

아파트

벌집 같은 우리 집
여러 개의 구멍 중 하나

구멍마다
꿀을 구하러
매일 매일
들랑 달랑
지가 많이 먹지도 못하면서…..

옆 구멍 벌이
돌아온 지도 모르고
피곤하여 잠든다

119 소리에 놀라
잠을 깨 보니
옆 구멍 벌이
과로로 쓰러져 실려 갔단다…..

에궁~~

어제 엘리베이터에서 만났을 때

밭에서 갓 따온

고추 몇 개라도

주었으면 좋았을 걸….

횡단보도

걸어서
횡단보도
건널 때는
신호가 참 짧았다

자동차 타고
횡단보도
신호 기다릴 때는
신호가 왜 그렇게 긴지…

세 여자+1

돈 잘 버는 여자
돈이라도 남아
참 다행

요리 잘하는 여자
가족 모두 건강해
참 다행

돈도 잘 벌고 요리도 잘하는 여자
나만 아파
참 다행

돈도 못 벌고 요리도 못하는 여자
전화기 옆에서 잠들어
그나마 다행

우리 집 소파

가죽이 헐어서 희끗희끗
볼품없고 힘없어도
서로 누우려고 몸싸움
TV보다도 인기는 짱

남편이 누워도 허허허
큰애가 누워도 하하하
누가 누워도 좋아하는
키다리 뚱보 아저씨 같다

오시는 손님들마다
다들 칭찬 한마디
"자네가 최고야
편한 게 제일이지."

내 친구도 나에게
“네가 최고야
너와 있으면 편안하고 참 좋아.”
그렇게 말해주면 좋겠다

오래된 느티나무 같은
우리 집 소파가 부럽다

오늘

사랑하며 살고 싶은 날

해
달
별
풀잎
바람에게
꼭~
사랑한다 말하련다

나는 오늘이 참 좋다^^

어제가 될까 봐
엄마 손 놓칠 때처럼
가슴이 두근두근

봄

아침 밥상에 찾아온
냉이무침
달래무침
쑥국

아무런 말 없이
앉아 있더니
나의 입속에서 종알종알
겨울은
참 길고
춥고
외로웠다고….

나는 봄을 먹으며
아픔을 삼켰다

내가 그토록
기다리고 있다는 걸 몰랐구나

해님과 땅님의 통화

요즘 많이 아프다며?
자식들 때문에 쉬지도 못하고
너를 보면 참 ~
달이 그러더라고
이참에 쉬게 하면 어떻겠냐고

해님은 옛날부터
우리 집 사정 아시잖아요
자식들 어렸을 땐 착하디착해
별걱정 안 했는데
사춘기가 되면서 지 맘대로
지들이 제일인 양
나하고 상의도 없이
큰놈은 어마어마한
자동차 공장 세우고
둘째 놈은 석유회사 차리고
셋째 놈은 머리 좋다고 했더니
핵폭탄까지 만들었다지 뭐예요

나도 듣긴 들었어
별들이 그러더라고
낮인지 밤인지 몰라
지구네 가야 하는지 말아야 하는지
난감해졌다고
빨리 사춘기만 지나면 괜찮겠지….
다른 나라로 유학을 보내자니 만만치 않은 부담이 되고

말도 마세요
넷째 놈은 진짜로
달나라로 유학 가겠다고
난리 피워서 돈도 많이 들었죠
막내는 어떻구요
망원경 등에 메고 다니더니
요즘 화성에 물이 보인다고 난리네요
그 물 먹으면 늙지 않는다나
투자한다며 돈을 물 쓰듯 해요

그랬구나….

나도 그동안 지구네가
신경은 많이 쓰였어
다른 애들은 다 괜찮은데
네가 궁금하고 불안했거든
내가 꼼짝도 못 하는 것이 안타까워

항상 감사드려요
제 자식 흉을 누구한테 하겠어요
저를 졸졸 따라다니는 달에게도
차마 자상하게 말할 수 없더라구요
집에 들어오면 자식들이
더워서 못 살겠다
공기가 나빠졌다
물에서 퀴퀴한 냄새가 난다
주변 소음이 심하다며
자꾸 이사 가자 하네요

불편해도 잘 참더니
왜 그럴까?

그 많은 식구가 어디 가서 살아
아플 수밖에 없구만….
자식 여럿 두니 좋을 때도 있지만
힘들어서 어쩌나

은하수한테 연락이라도 해봐야겠네
지구네 사정이 이렇다고….

달빛 먹는 강아지풀

달빛을 기다리던
강아지풀

반가움에
덥석
먹어 버린다

저를 쏘옥 빼닮은
갓 태어난 아기 그림자
좋아라
간들간들

나도 달빛을 먹어 봤으면

시

시를 읽는 것은
시냇물 따라 흘러가는
진주알을 찾아내는 것

시를 쓰는 것은
그 진주알을 목걸이로 만들지 않고
가슴에 삼키는 것

시를 들려주는 것은
다시 토해낸 진주알을
흐르는 시냇물에 담가
진주가 더 빛나게 만드는 것이란다

ㅅ어머니

시집오던 날부터 시작된 시집살이
30여년 동안
하나둘 차곡차곡 삼켰더니
가슴팍에 화만 가득….
목소리만 들어도
다시 올라와
아직도 트림을 한다
이제는 삭힐 때도 됐건만….

나의 회갑 전날
부리나케 미리 오신 시어머니
두툼한 흰 봉투 하나를 내미시며
"다른 동서들한테 절대 말하면 안 된다 너하고 나만 알자."
봉투에는 틀린 철자법으로
크고 선명하게
- 큰 며느리 생일 축하한다 그 동안 고생 많이 했디
고맙다 ㅅ어머니가 오래오래 건강할 날 -
나는 얼른 손을 꼭 잡아 드렸다

가슴팍의 화가 녹아서
눈물이 되던 날
ㅅ어머니는
그렇게
나의 친정어머니가 되셨다

기차

기차는 아침마다
어김없이 갈 곳이 있어 좋겠다

가는 길에
같이 가자는 사람은
꼭 친구가 되어 주고

굳이 싫다면
군소리하지 않고
외딴 역까지도 조용히 데려다 준다

종착역에서
모두가 떠나가도
노하지 않고
혼자 조용히
오던 길을 바라보면서

왔던 길을

다시 돌아갈 수 있는

기

차

가

부럽다

나는 바보다

손전화 없으면
전화번호 몰라서
친구에게 전화도 못 한다

냉장고 앞에 서서
양념 찾는다고
문만 열었다 닫았다
두 번 세 번

친구에게 전화했다
나는 바보라고
친구가 깔깔깔 웃었다
나도 바보야

서 있는 시계

하루에 두 번만 맞는
우리 집 시계

주인 바빠서
세 끼 못 챙겨도
푸념이 없다

주인 잘 만나
세 끼 잘 챙겨 먹으며
맞는 척 잘도 돌아가는
비싸고 으리으리한
옆집 괘종시계보다

조용히 집도 잘 지키고
두 번이라도 맞아서
사랑스럽다

수선화

해도 안 뜬 새벽
언 땅속에서
귓가에 들려오는
작은 숨소리

누구일까?
아직도 추운데

봄볕이 알아듣고
솜이불 덮어 준다

봄비도 엿듣고
언 땅을 녹여 준다

봄바람도 눈치채고
수줍게 속삭인다
조금만 기다리면 나올 수 있어요

미안함에

고개 숙이고

노오란 꽃이 나오던 날

나도 봄님도

바삐 오고 말았다

요즘 날씨

요즘 날씨가
열 받았나 봐
오늘 낮에도
무지하게 화내더니
밤까지 화가 잔~뜩

무엇 땜에 그렇지?
해님이 아침에 뭐라 그랬나?
바람도 조용히 타이르고
구름도 별말 안 했다던데
사람들이 열 받는 것 보고
지도 열 받았나?

바다가 이 일을 알면 어쩌지⋯..
큰 이빨로 모래밭을 물어뜯고
물고기까지 다 삼켜버릴 텐데⋯..
내일까지 이러면 안 되는데

매미랑은 친하다니

달래보라 할까?
하기사 매미란 놈도
요즘 들어
자꾸 우울하다며 울어댄다나 봐

허! 참~~
큰일이네
날씨 땜에 난감하네

- 2018 혹서를 지내며

아들아!

첫아들을 낳고
서툰 몸짓으로
배운대로 생각하며
걸음마를 하도록
정성껏 키웠다
잘 크는 줄 알았다

달음질하다가 지쳐서
혼자 방문을 잠그며
속앓이할 때도
꿋꿋이 참아내며
말과 힘으로 달래주었다
잘 크는 줄 알았다

무엇을 배울까
어떻게 살까
고민하며 밤을 새울 때도
스스로 하라며
그저 바라만 봤다

잘 크는 줄 알았다

내 아들이 서른이 넘어
인생을 알아차리고
몸부림치는 것을 보며
나는 비로소 눈물을 들켜버렸다
아들아!
너는 내 아들이야
어미의 몸짓을 보렴

사랑은 모든 것을 삼킬 수 있단다
사랑은 모든 것을 움직일 수 있단다
사랑만이 사랑을 낳을 수 있단다

가을

봄이 되었다고
커튼을 열어젖혔다
볕이 아주 따스하다

열린 창문 틈으로
봄은 슬며시 여름을 데리고 들어왔다

여름 때문에 창문을 열어버렸다
나가 주었으면….

볕이 너무 따갑다
견딜 수가 없다
여름 눈치 보기도 지겨워지던 날
여름은 슬그머니 가 버렸다

다시 올까 봐
창문을 굳게 닫았다

닫힌 창문에

파란 하늘
노란 은행잎
빨간 사과
아른거린다

창가로 다가가
가을이 오기를 기다렸다

흰 눈이 펑펑 내리고
하늘도 은행잎도 사과도
흰 눈 속에 잠들었지만
가
을
은
오지 않았다

자식 농사

내 생각과 다르다고
나쁜 놈은 아니다
서로 다른 생각을 할 뿐

내 생각과 같다고
착한 놈도 아니다
내 생각도 틀릴 수 있으니

나보다 못하다고
못난 놈은 아니다
좀 더디 갈 뿐

나보다 잘한다고
잘난 놈도 아니다
좀 빨리 가고 있을 뿐

나보다 남을 먼저 생각하고 실속 없는 놈이
바보는 아니다

남보다 나를 먼저 생각하며
실속 차리는 놈이
똑똑한 놈도 아니다

말이 없고
행동이 느린 놈이라고
답답한 놈은 아니다

말 질하고
행동이 민첩한 놈이라고
괜찮은 놈도 아니다

하늘을 우러러 뜻을 묻고
사람과 더불어 사랑을 나누는
그런 놈이 내 자식이었음 좋겠다

뭣이 천잰디

정상보다
위로 좀 넘친다고
천재라 자랑

정상보다
아래로 좀 모자란다고
바보라 수근수근

넘치는 천재님
EQ가 모자라다는데
그래도
바보가 아니라고 자랑

모자라다는 바보 씨
EQ가 넘친다는데
그래도
바보라고 수근수근

하늘나라는

천재도

바보처럼

살고 있다는데….

아픔을 품은 사랑

기쁨을 세어 보니
사랑 한 개
땡그랑

행복을 찾아 보니
사랑 세 놈이
옹기종기

슬픔을 만져 보니
사랑 다섯이
동글동글

아픔을 안아 봤다
아직 남아있는 사랑 일곱이
손안에 별이 되어
반짝반짝

하도 사랑스러워….
꼬옥 안아줬다^^
행복 녀석이 질투하려나?
ㅎㅎㅎ

텃밭 가꾸기

어서어서 크라고
비료 먹였더니
비바람에 모두 쓰러져 버렸다

더디 자란다고
투덜거렸더니
비바람 맞으며 씩씩하게 웃고 있다

몇 알만 싹 텄다고
짜증 부렸더니
친구 녀석 몫까지 쭈욱쭈욱

폭염에도 밭에서 꼼짝 못 하고
주인 오기만 기다릴 텐데…..
눈앞에 아른아른
자식 같은 녀석들

나의 속만큼씩
구부러져 타들어 가는 오이

머리끝부터 말라가는 부추
미라처럼 말라버린 토마토

목마르다 목이 탄다
돌아가는 걸음
원망이라도 하면 좋으련만
속 좋은 친구인 양
또 오라고
여린 순을 내밀며 악수하자네

아~~
목마름 없는 곳으로 옮겨 줄까?
소나기라도 잡아둘 걸…

분꽃 피던 날

오색 꽃이 한 몸에서 피길래
몰래 가져온 동그랗고 까만 씨
콩나물 기르려고 사둔 옹기 화분에
소중한 추억 흙 속에 숨기고
가슴 조이며 숨죽였다

율마의 기침 소리에 놀라
녀석이 잠에서 깨던 날
나도 함께 놀라 버렸다

잎이 피고 쑥쑥 자라고
창밖을 구경하며 키가 커갈 때
녀석이 말했다
나는 언제 밖에 나갈 수 있나요?
이제 너도 큰 거로구나….
봉오리가 맺히면
바깥 구경시켜줄게

봉오리가 맺혀도 못 미더워서

바깥 대신 창가로 바싹 보내줬더니
첫째 녀석
시무룩해 하는 말
나 꽃피기 싫어요!
어르고 달래도 막무가내고
쿵!
창가로 몸을 던져 버렸다

매일매일 물 먹이고 쓰다듬어도
분홍이 둘째
셋째 노랑이 녀석
입 다문 채 며칠간 말이 없다
가슴이 두근두근….
차라리 더운 데 있지 말고
시원한 그늘에서나 쉬라고
소철 밑으로 보내 버렸다

남편이 소리쳤다
어! 분꽃이 피었네!

무슨 소리야 ~
분홍이 둘째 녀석이
나를 향해 웃고 있다
얼른 달려가 안아 주고
동그란 볼에 뽀뽀를 했다

사랑을 알게 해 준
나의 분신 같은 꽃
분꽃!
까아만 네 열매를
거두지 못할지라도
너를 오래오래 곁에 두고 싶구나

겨울 나목

가을에 입던 옷
철 지났다고 벗어 던지고
겨울 옷 아무리 골라 봐도
마땅한 게 없다
새 옷 한 벌 사둘걸….

지난번 봐 뒀던
하얀 밍크 털 살 걸 그랬나
남편 눈치 보느라 못 샀더니….
옷장 속에 남편 몰래 감춰 둔
싸구려 통바지밖에 없는데….

멋지게 차려입고 올
친구 생각에
싸구려 통바지 하나 걸치고
멍하니 겨울 하늘만 쳐다 본다

된 거지

시인이라야 시를 쓰나요
시로 알아듣게 말하면 된 거지

시와 함께 공부해야 시를 쓰나요
시와 친하게 하루 종일 놀면 된 거지

시인이 아니라고 우기시나요
시인이 아니라고 말했으면 된 거지

차라리 사랑도 모르는 사람이
시를 썼다고 비웃으세요

시가 제게 말했어요
항상 감사하고
네 이웃을 사랑하면 된 거지
시처럼 살지 않으며 써대면
거짓 시가 된 거지

세상을

사랑의 눈으로 바라보며
위로와 평안이
강물처럼 넘쳐흘러
저절로 가슴을 뚫고 나오면
된
거
지

화분

시들고 볼품없다고
쓰레기장에 버려졌던 소철
10여 년을 같이 살았더니
우리 식구를 닮은 듯
스스로 잘 큰다

이웃집 놀러 갔다
가지 하나 떼어다 심은 행운목
몇 년을 같이 살더니
슬금슬금 눈치 보며 잘도 먹는다

생일 선물로 남편이 사 온 고무나무
다른 녀석보다
적게 먹어 걱정했더니
동생을 여럿 두었다

목사님께서 사 오신 벤자민 분재
허리 다쳐 고생했건만
성치 않은 몸으로
해마다 건강한 잎을 피워낸다

회갑 때 동생이 선물한 천냥금
불편하다 한마디 않고
호접란 홍콩야자와 함께
한 집에서 행복해한다

지난여름 휴가지에서 얻어온 분꽃
얼마 전 흙 속에 몰래 감춰 두었더니
옆에 있던 율마의 기침 소리에
톡~ 튀어나와
창밖의 세상 구경하며 싱글벙글

사계절 꽃 좀 보려고 사 온 제라늄
북유럽 다녀오느라 못 챙겼더니
보고 싶었다며 시무룩
목욕시키고 시원한 물 먹여도
열이 펄펄
병원에 입원할 뻔^^

이 녀석들 때문에 여행도 못 가겠구만

방귀쟁이 에어컨

찬바람 나와 시원하다고
박수 치며 좋아라
여기가 천국이네

방귀 뿜듯 뿜어대는
더운 바람 땜에
지옥이 따로 없네

천국 좋다 소문 듣고
켜자 켜자 난리 난리
지옥 가면 안 된다고
야단법석 아우성

지가 뀐 방귀 냄새에
잠 못 드는 밤
에라~ 그래도 켜자
천국 가면 그만이지
딴 사람 지옥이 대수야

실외기를 안에 두고
에어컨을 밖에 두면 어떨까?
킥킥킥~

하얀 꽃 개망초

봄이 되었다
나는 개망초가
언 땅 위에 누워서
겨울을 지낸 것을
모르고 살았다

지난여름
비가 촉촉이 자주 내리길래
개망초가 잘 자라겠거니 했다
그늘도 없는 따가운 땡볕에서
혼자 목말라함을
모르고 살았다

서늘한 바람이 좋아서
모처럼 달빛을 구경하러 나갔다가
강가에 하얗게 피어나
잔잔한 파도처럼 일렁이는
개망초꽃을 만났다
사랑스런 하얀 꽃 개망초

찬 겨울바람이 달려오다
내 창가를 스치며
조용히 건네는 말
개망초가 이 세상을 떠났다네요
....?

마당 좁은 집

내가 사는 아파트 옆
마당 좁은 집엔
식구들이 참 많죠
강아지풀 제비꽃 패랭이 참나무 아카시아 엉겅퀴 냉이
쑥 지렁이 개미 무당벌레 까치 참새
또 있어요
작은 돌멩이들

아스팔트에서
미끄러진 봄비가
똑똑똑
방문을 두드리면
식구들 사이로
어서 비집고 들어오래요

봄비를 따라 숨어 들어온
민들레 씨앗도
그제야
휴~
다리를 뻗어요

나도 봄비 따라 들어갈걸……

천연 진주

와이프에게 선물한다고
진주 귀걸이 하나 골라 들고
자세히 살피더니
흠 있다고 갸웃갸웃

또 다른 진주 귀걸이
더 자세히 살피더니
흠이 또 있다고 투덜투덜

손님~~^^
조개의 아픔이 상처로 남아서 그래요

와이프 고를 때도
피부과 검진하고 골랐을까?
ㅎㅎㅎ

나팔꽃

나팔꽃이
나를 좋아하나 봐
새벽부터 세수하고 기다린다네

나만 보면
발그레
웃기만 하는 걸
모른 척할 수도 없고

나팔꽃이
나를 사랑한다고 하면
어쩌지…

다시 태어나면

10살까지는
실컷 뛰어 놀아요
인생의 시작은 즐거우니까

20살까지는
책을 많이 읽어요
인생이 무엇인지 궁금하니까

30살까지는
매일 일기를 써요
젊은 날의 열정을 기억하기 위하여

40살까지는
수필을 읽어요
인생으로 가는 길을 걸어보기 위하여

50살까지는
시를 읽어요
인생과 만나기 위해서

60살까지는
시를 쓰고 싶어요
인생을 느끼고 싶어서

70살까지는
시를 들려주고 싶어요
인생은 참으로 아름다운 것이라고

80살까지는
이렇게 말하고 싶어요
나는 아직도 꿈을 꾸고 있다고

90살까지는
이렇게 말하겠어요
꿈은 이루어지고 있다고

100살이 되면
이렇게 말할래요
모두가 사랑이었다

안면도

코로나19로 갇혔던 봄의 끝자락에
무작정 떠나온 가족여행
출렁다리의 흔들림에
일상을 잊고
하늘로 솟구치는 분수 따라
기쁨이 무지개가 되었다
일상을 탈출한 사람들 맨 뒤에
줄을 서다가
잘 곳을 잃었네
영목항 한편에 자리한
정스런 민박집
마루 장판 바닥에
체크무늬 요를 깔고
꽃무늬 이불을 폈다
지친 허리 펴려고
요 위에 누워보니
따끈한 방바닥이
자꾸 잡아당긴다
가난했지만 아랫목만은 따끈했던

어린 시절
새벽이면 아랫목에 발을 뻗어
발가락으로 이야기를 나누던
육남매의 아랫목처럼
따듯하고 정스런 정 민박